QUELQUES REFLEXIONS

SUR

LE SYSTÈME

ADOPTÉ PAR LE COTÉ DROIT DE LA CHAMBRE DES DÉPUTÉS,

A L'OUVERTURE DE LA SESSION DE 1820;

ET SUR L'ENTRÉE AU MINISTÈRE

DE MM. DE VILLÈLE ET CORBIÈRE.

PARIS,

A. ÉGRON, IMPRIMEUR-LIBRAIRE,

rue des Noyers, n° 37;

ET CHEZ TOUS LES LIBRAIRES DU PALAIS-ROYAL.

MARS 1821.

DE L'IMPRIMERIE D'A. EGRON,
rue des Noyers, n° 37.

AVANT-PROPOS.

Royaliste depuis que j'ai entendu prononcer le nom d'un Bourbon, j'étais heureux et *modéré* en 1814 ; je suis *ultra* depuis l'infâme trahison des cent-jours ; c'est-à-dire que je déteste ceux qui font les révolutions, et que je méprise les égoïstes qui les laissent faire. Devenu plus ultra après la perfidie et les bassesses du 5 septembre, le 13 février m'a pénétré du *nec plus ultrà* de l'indignation....... Je n'ai eu quelques instants de bonheur qu'à la naissance du duc de Bordeaux, parce que je l'ai regardée comme une marque visible de la protection du Ciel, qui semblait depuis long-temps nous châtier de tous les fléaux de sa juste colère.

Les élections de 1820, en nous rendant, autant que possible, la Chambre de 1815, m'avaient presque disposé à l'oubli et à l'union, non comme l'entendent certains hypocrites qui ont d'excellentes raisons pour prêcher l'oubli pour les victimes et l'union avec les bourreaux, mais à l'oubli des *fautes* dont on se repent, à l'union avec tous ceux sur la fidélité desquels on peut encore compter. Je consentais volontiers à être très-modéré, mais à condition d'être fort : car la modération du faible ressemble à la lâcheté..... Malheureusement cette condition ne dépendait pas d'un pauvre électeur à cent écus, relégué dans le fond de sa province ; et, malgré le vœu de la France, l'oubli est resté le *privilége* des Royalistes, et l'union est toujours parfaite avec les ministres qui ont fait la loi électorale du 5 février, les conseillers d'Etat qui ont solennellement renié et banni les Bourbons au Champ-de-Mai, les chefs de bureaux qui n'aiment pas le voyage de Gand, etc. etc. Me voilà redevenu plus ultra que jamais. J'ai *bondi* de colère en voyant la paralysie du côté droit, qui ne devait, selon moi, avoir d'autre résultat *utile* que la conservation des *restaurants* de quelques Excellences qui tiennent excessivement à leurs portefeuilles.

Cependant je suis venu à Paris, non pour solliciter, Dieu m'en garde, car je suis trop connu pour un franc et chaud royaliste, mais pour promener mes ennuis au café Valois ou sur la terrasse du bord de l'eau (honni soit qui mal y pense). Je suis allé épancher ma bile chez quelques bons députés qu'on appelait introuvables en 1815 ; j'espérais bien les convertir, et même faire changer de plan à la majorité ; mais bientôt je ne sais quelle influence de raison et de patience est venue modifier mes idées sur notre position actuelle ; et si je ne suis pas devenu ventru comme MM. A... B... C... D..., votant de par monseigneur (n'importe lequel) toutes les lois anti-monarchiques proposées au nom du Roi, me voici ministériel comme les Royalistes qui ont toujours été les amis de M. de Villèle, et jamais les complaisants de M. Decazes. J'ai entendu et discuté le pour et le contre ; mon opinion ne s'est formée qu'après avoir loyalement combattu, et aujourd'hui je crois utile de dire comment je conçois qu'on a bien fait d'adopter le système suivi par M. de Villèle.

C'est pour moi seul que, d'abord, j'ai cherché à me rendre compte des raisons qui motivaient ma nouvelle manière de voir ; je me suis ensuite rappelé l'état où j'avais laissé l'opinion royaliste dans ma province, et j'en ai vu le danger. Dans la situation critique où les circonstances intérieures et extérieures mettent la France, rien n'est à négliger pour diminuer les chances défavorables à la légitimité. Or, sur mon honneur, je n'en vois pas de plus périlleuses que la désunion des honnêtes gens et l'irritation contre les obstacles qu'il n'est pas possible de vaincre : voilà pourquoi j'ai voulu présenter ces réflexions aux Royalistes de bonne foi. Je n'ai pas la prétention de bien faire, encore moins celle de bien dire ; mais si quelques pages tracées à la hâte peuvent rallier au centre commun de l'honneur et de la fidélité un petit nombre de lecteurs que j'aurai pu convaincre, je serai content. Si j'avais un autre moyen, un moyen sûr de faire enfin triompher la cause sacrée à laquelle je suis dévoué, je n'hésiterais pas, fallût-il me sacrifier, corps et biens. Faibles, mais fidèles serviteurs de l'autel et du trône, nous voudrions pouvoir renfermer dans son lit le torrent dévastateur de la révolution ; je ne puis apporter qu'un grain de sable pour aider à former la digue qui nous préserverait de nouveaux débordements ; je le fais : que celui qui le peut fasse mieux !

H. P.

QUELQUES REFLEXIONS

SUR

LE SYSTÈME

ADOPTÉ PAR LE COTÉ DROIT DE LA CHAMBRE DES DÉPUTÉS.

———

Beaucoup de Royalistes ont blâmé le parti qu'ont pris MM. de Villèle et Corbière, ainsi que le système adopté par leurs amis dans la Chambre de 1820 : cela devait être. Instruits par plus d'une fatale expérience, nous savons que les deux grandes causes de nos malheurs sont l'audace des méchants et la faiblesse des bons; en voyant ceux qu'on regardait avec raison comme les chefs du côté droit se faire les soutiens d'un ministère qui n'inspirait alors aux Royalistes aucune confiance, on a dû craindre qu'une nouvelle faiblesse n'enfantât de nouveaux malheurs. D'ailleurs, le sentiment des convenances, si naturel aux Français, ne laissait voir qu'avec peine des hommes d'honneur compromettre leur réputation pour sauver plutôt les petits intérêts de quelques ministres, que pour servir les vrais intérêts de la monarchie; c'était, du moins, ce que présentait, au premier moment, une sorte de transaction qui n'a produit, pendant quelque temps, aucun avantage visible pour la cause royaliste. Malgré qu'on ait parlé d'abord de promesses et de garanties obtenues par les nouveaux membres du ministère, plusieurs mois s'étant écoulés sans que rien vînt justifier d'aussi étranges concessions, les inquiétudes ont dû redoubler, et les plaintes se faire entendre. Il faut avouer qu'il était difficile de donner satisfaction sur ce point aux Royalistes, qui, éloignés du théâtre des intrigues politiques, en ignorent les ressorts secrets ; ils ne voyaient que les dangers d'une funeste persistance à ne confier les intérêts de la monarchie qu'aux mains qui n'ont cessé d'exploiter à leur profit tous nos gouvernements anarchiques ou illégitimes, depuis le 14 juillet 1789 jusqu'au 8 juillet 1815. Aujourd'hui que l'incendie révolutionnaire s'étend en Europe, et que nous en sommes menacés plus que jamais par l'alliance évidente de nos Libéraux avec les Carbonari de Naples et du Piémont, on est tenté de croire que si on avait refusé les six douzièmes, un ministère nouveau et tout royaliste aurait assuré le salut de la légitimité dans la lutte qui se prépare. Cela pourrait être vrai, si d'autres circonstances fussent venues fortifier ce premier acte de vigueur ; mais peut-être aussi les nouveaux ministres auraient-ils rencontré trop d'obstacles à établir le système de force et de justice nécessaire pour se soutenir auprès du trône légitime, dont ils ne pouvaient changer en un clin d'œil les dangers et les ennemis. Dans tous les cas, la chose n'a pas été faite, et il siérait mal aux vrais Royalistes d'en concevoir un tel dépit, un tel découragement, qu'ils abandonnassent la partie sans examiner si elle a été compromise faute de jeu ou faute de bien jouer, ou s'il y a encore moyen de la défendre et de la gagner.

Deux actes importans ont revélé à tous les Royalistes de bonne foi ce que, malgré des obstacles presqu'insurmontables, la présence de quelques hommes de bien peut obtenir dans un ministère, faible en majorité de moyens et de bonne volonté, mais poussé par de mauvais antécédents et par le désir de sa durée, plutôt que par un système politique quelconque. Qu'on médite avec attention l'Ordonnance sur l'instruction publique, qui vient tout à coup d'enlever la jeunesse française à un conseil presqu'entièrement composé de matérialistes, de Protestants et de Jansénistes, pour la mettre, par le choix des maîtres, sous la direction de M. Corbières, aussi bon catholique que vrai Royaliste, on jugera combien nous sommes loin du temps où l'inintelligible oracle des Doctrinaires élevait la jeunesse *pensante* et *agissante* au bénéfice de la révolution. Le projet de loi sur les administrations communales et départementales renferme tous les germes d'amélioration désirables en ce moment par les Royalistes ; si l'esprit du siècle y trouve place, c'est de manière à pouvoir être combattu avec avantage par toute administration qui ne voudra pas laisser périr la monarchie de Louis XIV.

Ces avantages, obtenus par les efforts de la saine partie du ministère, sont, sans doute, insuffisans pour rassurer les Royalistes, justement ombrageux sur des intérêts aussi chers que ceux de la monarchie légitime ; mais les esprits droits en sont aujourd'hui mieux disposés à accueillir quelques réflexions sur la conduite de ceux que nous étions accoutumés à regarder comme nos guides politiques. Dans cette lutte contre le génie du mal, où ils se sont engagés, au risque de perdre la confiance de leurs amis, si aucun succès ne fût venu justifier le parti qu'il ont pris, ils n'auraient eu d'autre consolation que le témoignage de leur conscience ; aujourd'hui, s'ils succombent ce sera, non-seulement avec la gloire de n'avoir pas refusé le combat, mais encore avec la satisfaction d'avoir obtenu quelques avantages, auxquels la France devra beaucoup un jour. Si, par un décret de la colère divine, l'anarchie remportait encore une victoire momentanée, l'honneur resterait intact, et les amis de M. de Villèle, sans éprouver le regret d'avoir suivi sa bannière, n'attribueraient leur défaite qu'à *force majeure.*

En joignant à ces considérations sur ce que nous avons déjà obtenu, quelques réflexions sur ce que nous avions à redouter, nous nous convaincrons peut-être que MM. de Villèle et Corbières ont dû faire ce qu'ils ont fait, qu'il eût été fâcheux qu'ils n'acceptassent pas, et qu'il serait imprudent à leurs amis de ne pas les appuyer de leurs suffrages.

Le Roi seul nomme ses ministres, et si l'organisation de notre Gouvernement fournit aux Chambres, par le refus des lois de finance, un moyen légal de faire connaître qu'un ministère a perdu leur confiance, sans pour cela le mettre en jugement, il est impossible d'assurer que le Roi choisirait précisément les ministres qui conviendraient à ceux qui répugnent, non sans quelque raison, à voter avec le ministère actuel. En vain dira-t-on que dans ce cas une majorité prononcée refuserait encore ; ce serait tourner dans un cercle vicieux d'absurdités constitutionnelles, qu'on ne saurait présenter ni au bon sens ni à la loyauté es Royalistes. Si on jette les yeux sur la liste des divers personnages qui se sont succédés au ministère depuis 1814, si on réfléchit au temps qu'ils y ont passé, ainsi qu'à l'influence qu'ils y ont obtenue, on doutera peut-être qu'une démarche qui aurait eu pour résultat inévitable de faire renvoyer les ministres, en ait amené d'autres, plus selon le vœu des Royalistes.

Lorsqu'on n'est pas maître de vaincre un obstacle, la sagesse ne consiste pas à se dépiter et à persister à vouloir qu'il n'arrive précisément que ce qu'on désire; il faut, quand l'honneur n'est pas compromis, se soumettre aux circonstances forcées, en tirer le meilleur parti possible, et savoir se servir du peu qu'on obtient pour se préparer un meilleur avenir. C'est ainsi que pour blâmer avec justice ceux qui ont accepté des ministères sans porte-feuille, il faudrait être certain qu'il existait pour eux un moyen d'avoir tout, ministère et porte-feuille. Rien n'est moins prouvé, malgré qu'on le répète encore à chaque instant. La stupeur qu'a produite le retour de M. Decazes, au contraire, annonce qu'en fait de ministère son influence inspire plus de crainte aux Royalistes, que M. de Villèle n'en a jamais inspiré au parti opposé !

Mais, dit-on, la majorité de la Chambre est tellement assurée, qu'il est impossible de marcher contre elle. On est fondé à croire cet argument sans réplique, en voyant la réunion formée aujourd'hui autour du ministère contre le côté gauche, et parce que les déclamations des Libéraux contre les ministres font supposer que ceux-ci, réduits à leurs amis personnels, ne pourraient pas se soutenir. Cependant si le ministère ne s'était pas trouvé d'accord avec la droite, la gauche lui en aurait su bon gré ; son opposition aurait presque disparu ; les Députés des centres droits ou gauches, caressés, placés, *traités*, auraient voté par entraînement, comme dans la session de 1816, et la Chambre, au lieu du scandale actuel, occasionné par les ennemis connus de la monarchie légitime, aurait offert, comme naguère, le scandale plus affligeant d'une lutte entre les vrais Royalistes et le Gouvernement du Roi ; lutte dont le succès eût été rendu douteux par tous les moyens de persuasion ou de corruption, qui sont entre les mains des ministres ; et déjà on a vu le centre votant avec la gauche, enlever une délibération au côté droit. D'ailleurs, à quoi eût servi cette majorité de l'extrême droite, en supposant qu'on l'eût obtenue ? Les lois présentées par un ministère poussé à gauche, auraient-elles été monarchiques ? et les propositions royalistes votées à la Chambre des Députés, en dépit du ministère, auraient-elles été accueillies par les Pairs ou consenties par le Roi ? On était donc réduit, même dans ce cas, à une résistance constitutionnelle à la vérité, mais dangereuse par la nature des circonstances qui ont amené le système déplorable que nous voudrions combattre, et par les conséquences funestes qu'il a eus jusque chez des peuples voisins.

Il était donc plus prudent de dire au ministère : « Nous « vous soutiendrons si, en nous accordant quelque chose « pour les intérêts monarchiques, vous ne nous demandez « plus rien pour les intérêts révolutionnaires. Nous vou- « lons la prospérité de la France bien plus que vos places ; « sauvez la légitimité et gardez vos porte-feuilles. Nous

« discuterons dans le conseil du Roi vos actes et vos
« projets; nous vous appuyerons dans les Chambres, si
« vous voulez arrêter le mal et commencer enfin la res-
« tauration de la France. Mais si vous ne voulez pas faire
« plus pour la royauté que vous ne faites pour les Roya-
« listes, nous nous retirerons en avertissant, par cela
« seul, la France monarchique du mal irremédiable que
« que vous lui avez fait et des nouveaux malheurs qui
« seraient le fruit inévitable de votre système révolution-
« naire, si vous y persistiez. »

Voici ce qui a été fait, et si nous sommes plus inquiets
que nous ne l'étions avant, c'est l'effet évident de la révolte
du Piémont, car déja nous apercevions quelques traces
de l'influence de nos nouveaux ministres. Il est plus facile
d'imaginer que de peindre les obstacles qu'ils rencontrent
dans cette lutte fatigante et périlleuse. Ils ont obtenu quelques succès et leurs amis peuvent les aider à en obtenir
d'autres; soit par une discussion raisonnable et exempte
d'acrimonie, soit par leur loyale adhésion au moment dé-
cisif et surtout en ne rompant pas cette union qui fait
toute leur force. Peut-être un jour le Roi rendant justice
à la pureté du zèle qui a fait accepter à M. de Villèle une
mission aussi délicate, lui confiera-t-il une administration améliorée par des institutions sages qu'on lui devra
en grande partie, mais qu'on ne pourra regarder comme
des innovations de son propre ministère.

Quand on réfléchit profondément sur la situation géné-
rale de l'Europe et de la France, on doit sentir le danger
d'une commotion parmi nous; elle pourrait avoir un résultat heureux par le courage et le dévouement des Roya-

listes ; elle pourrait aussi nous perdre par la faiblesse qui p'a ralyse tout. On dit que cette commotion est inévitable..... Préparons-nous donc au combat ; mais qu'aucun Royaliste ne jette le gant sans être assuré de ne pas se rendre coupable d'imprudence ou de félonie ; car le véritable honneur connaît des lois qu'il ne viole jamais *quand même !* Les affreux projets des Révolutionnaires ne recevront pas sans doute leur entière exécution, car il s'agit de l'existence de toute société et de la religion sainte qui ne peut pas périr. Mais que de malheurs publics et particuliers, que de victimes immolées au démon de l'anarchie ! Qu'ils lèvent encore une fois l'étendart de la révolte, ces prétendus amis de leur Patrie ! Qu'ils violent encore une fois leurs serments ces coryphées du libéralisme qui s'enorgueillisent de ne reconnaître ni Dieu ni Roi : la guerre civile qu'ils auront allumée tournera tôt ou tard à leur confusion et nous délivrera enfin d'eux et de leurs doctrines empoisonnées ; mais il ne faut pas les devancer dans cette triste carrière. Pour eux l'insurrection est le plus saint des devoirs, pour nous c'est l'obéissance. Ils n'ont été encore rebelles que dans leurs pamphlets et dans leurs discours séditieux et il ne nous a pas été permis de les en punir. Ils n'ont plus qu'un pas à faire et la légitimité de la défense nous donnera bientôt le nombre, la force et la protection du Dieu qui, tôt ou tard punit le crime et récompense la vertu.

Sans rechercher quelles pourraient être les dispositions des cabinets étrangers relativement à nos affaires intérieures on peut dire que la révolution va être jugée en dernier ressort en Europe les armes à la main. La moindre com-

motion en France pourrait avoir des résultats très-funestes
pour tous les gouvernements légitimes, elle établirait sur-
le-champ la diversion la plus puissante en faveur des Carbonari, et produirait une anarchie universelle dont on ne
peut calculer les épouvantables effets. Elle livrerait notre
malheureuse patrie aux Jacobins ou aux Russes, triste al-
ternative pour un peuple gouverné depuis tant de siècles
par les Bourbons ! Si, comme nous devons l'espérer les sou-
verains éclairés sur leurs véritables intérêts et sur ceux de
leurs peuples, étouffent la constitution démagogique des
Cortès partout où elle veut détrôner les rois légitimes,
notre France ne craindra plus ses Libéraux qui ne rêvent
qu'aux moyens d'imiter l'*héroïque* Espagne, et qui, dans
leur fanatique admiration pour tout ce qui est illégitime,
mettent l'œuvre des Cortès bien au-dessus de la Charte
octroyée par le Roi. Des confidences du Pépé du 5 octobre,
à son digne ami, *son cher commettant* le sieur Goyet, nous
font connaître comment nos soi-disant Constitutionnels
par excellence traiteraient les Bourbons, la Charte et les
Royalistes s'ils pouvaient faire assez de dupes pour arriver
à la majorité dans la chambre et dans l'armée.

Il est donc extrêmement nécessaire de travailler à iso-
ler la secte révolutionnaire, toujours active pour le mal,
de la masse mitoyenne, toujours indifférente pour le
bien, et qui égarée par ses fausses lumières écoute nos
charlatans politiques et peut servir d'auxiliaire aux jacobins contre les royalistes. La facilité avec laquelle on
a vu s'opérer la révolte du 20 mars, et les révolutions
d'Espagne, de Naples, et du Piémont, nous prouve
qu'aujourd'hui l'honneur et la fidélité succombent sous

les complots des modernes Catilina, lorsque ceux-ci ont pu entraîner dans leurs rangs la faiblesse et l'égoïsme qui ne connaissant que de petites idées ou de petits intérêts suivent aveuglément ceux qui pour les séduire les payent ou les flattent. Des poignées de brigands suffisent pour renverser tous les trônes, lorsque les rois sont faibles et les peuples corrompus; et lorsque les honnêtes gens isolés des chefs qui devraient les rallier au poste d'honneur se désunissent et se subdivisent à l'infini entre eux; les factieux saisissent toujours le moment où ils ont su mettre une grande distance entre les différens corps de l'armée fidèle qui leur est opposée pour exécuter leurs complots. C'est ce qu'il était prudent d'éviter, en ôtant aux généraux de l'armée révolutionnaire tout prétexte pour embaucher sous leurs sanglants étendards ceux que l'attentat du 13 février a fait reculer d'horreur des bancs qui touchaient la gauche à ceux qui se confondent avec la droite.

L'ordonnance du 5 septembre, et le système perfide qui l'a suivi ont répandu dans la classe moyenne de l'industrie et de la petite propriété, un certain esprit d'opposition aux principes et aux hommes monarchiques; on y prend un royaliste fut-il lui-même un négociant ou un cultivateur, pour un homme féodal qui ne veut rien de ce que tout le monde veut et qui ne rêve que destruction et réaction. C'est cet esprit d'inimitié qu'il faut dissiper avec prudence et sans rien brusquer, à moins qu'on ait réellement en main le pouvoir souverain; le mal se fait vite et se répare lentement. Les royalistes ne craignent pas la vérité, il a fallu les calomnier pour les rendre

odieux; mais calmes et résignés quand un ministère dé-
loyal les a mis en minorité, ils seront calmes et prudents
lorsqu'un simple appel leur a rendu la majorité. Les
Libéraux triomphans insultent au contraire aux victimes
qu'ils vont immoler et sont-ils menacés de se voir enfin
dévoilés, ils perdent toute mesure et se compromettent
chaque jour davantage vis-à-vis des gens tranquilles, na-
guerre séduits par leurs sophismes, et par la complicité
des agens du pouvoir. L'influence des grands meneurs
révolutionnaires diminue chaque jour, elle s'évanouira
tout-à-fait si les Carbonari sont réprimés et si dans le
sein de nos assemblées on met d'un côté autant de sagesse et de dignité que de l'autre on montre d'audace et
de dévergondage démagogique.

Aux élections de 1816, après le coup d'Etat qui ve-
nait de relever le jacobinisme en France, le ministère
avait fait répandre une grande quantité de brochures
dirigées contre les royalistes; elles étaient envoyées offi-
ciellement par chaque ministre aux fonctionnaires placés
sous son influence, et surtout par M. Decazes, ministre
de la police, à toutes les réunions, sociétés, cafés, etc. ;
elles couvraient les bureaux de tous les colléges électo-
raux ; dans ces pamphlets on accusait les Royalistes de ne
vouloir que le sang et la vengeance, de *conspirer* le réta-
blissement des dîmes, priviléges, féodalités etc.: chacun
sait ce qu'il en résulta. Honte éternelle aux perfides au-
teurs d'un système destructeur de la monarchie, honte
éternelle surtout à l'homme de malheur qui y trouva les
élémens de sa funeste élévation. L'histoire dira quel rap-
port il y a entre cette fatale ordonnance, entre la manière
dont on l'a exploitée, et l'assassinat du duc de Berry,

l'état actuel de la France et l'esprit de révolte qui se manifeste partout en Europe d'une manière si effrayante.

Dans nos dernières élections ces infâmes manœuvres n'ont pas eu lieu ; seulement quelques préfets ont employé leur influence particulière à écarter des royalistes trop *prononcés*, à satisfaire des antipathies personnelles ; quelques-uns ont réussi, mais en général la masse des électeurs n'étant plus corrompue par des mensonges officiels et par des pamphlets ministériels, de fidèles serviteurs de la légitimité ont été nommés. Aujourd'hui que la division éclate entre les royalistes et le ministère, et que le roi soit amené à dissoudre la chambre, on entendra encore dire dans les campagnes, que les nobles veulent attacher les paysans à leurs charrues ; dans les journaux censurés, que les intérêts nouveaux sont en péril ; dans les salons, qu'il ne faut pas être plus royaliste que le Roi, et partout, qu'il ne faut de royalistes nulle part. Toute la fourmillière ministérielle se mettra en mouvement ; et depuis le préfet jusqu'au garde-champêtre, tous ceux qui vivent des gages du Roi travailleront, en abusant de son nom, à achever de démolir la monarchie. La matière électorale redeviendra ce qu'elle fut en 1817 et 1818, grâces aux manœuvres des Decazes et des Dessoles, grâces aux *lumières* des Royer – Collard et des Kératry.

On voit que le grand moyen révolutionnaire a été de dépopulariser le royalisme ; il faut faire pour nous sauver ce qu'on a fait pour nous perdre, et pour cela nous n'aurons qu'à opposer la vérité au mensonge. En effet, il ne sera pas difficile de convaincre tous ceux qui n'ont pas renoncé au sens commun, que les seuls révolutionnaires sont les ennemis du peuple promené par eux depuis trente ans de constitutions en constitutions, et qu'ils ne caressent que pour en faire le marchepied de leurs scandaleuses fortunes; que c'est au contraire avec la royauté légitime et ses conséquences légales, qu'il faut marcher contre la révolution et contre ses principes funestes, pour jouir enfin de la tranquillité dont nos pères ont joui depuis Henri IV jusqu'à l'infortuné Louis XVI; que nous serons plus heureux sous le sceptre paternel de nos Bourbons que sous le niveau de nos *patriotes* de 89, qui accrochaient les Aristocrates à la lanterne, sous le bonnet rouge des Sans-culottes de 93, qui raccoursissaient tout ce qui était prêtre, noble ou modéré, et sous le sabre des usurpateurs qui, pour ravager le monde, se croyaient propriétaires de nos enfants et de nos écus. Les ultra-libéraux font horreur quand on les dépouille du manteau philantropique qui cache à l'œil inattentif l'impie altéré de sang, d'or et de pouvoir; il ne faut que les séparer du troupeau qu'ils conduisent, pour leur ôter tout moyen de nuire. Et remarquez que ces energumènes sont en petit nombre relativement à la masse de ceux qui les haïssent ou qui les craignent: ce n'est qu'à la faveur constante dont ils ont joui depuis la chute de l'usurpateur qui les comprimait, qu'ils doivent quelque fois l'apparence de la majorité, parce qu'on ne voit qu'eux partout et que ceux-là même qui n'ont pas, au fond du cœur leurs affreux principes, parlent leur langage, seul moyen depuis la *restauration*, d'obtenir les places, les honneurs et les pensions. Si on avait fait depuis cinq ans pour les royalistes, la moitié de ce qu'on a fait pour les ennemis de la légitimité, on ne se ferait pas aujourd'hui un mérite d'être libéral ;

s'il n'y avait pas tout profit , sans aucun risque de conspirer à jeu découvert , personne ne conspirerait. Les
royalistes, au contraire , ont été dépouillés , persécutés
et assassinés, il n'y a pas encore eu pour eux un jour
dans trente années où il n'y ait eu risque sans profit
à paraître ce qu'ils sont ; cependant on les retrouve toujours au premier appel du prince légitime ; ils sont partout en majorité , l'honneur seul est leur guide et leur récompense. Bannis de la présence du Roi qu'ils ont toujours servi fidèlement , ils gémissent et restent fidèles en
répétant au fond de leur cœur ce cri sublime du Vendéen
mourant *Vive le Roi, quand même*! Le Roi les appelle,
ils reparaissent plus nombreux et plus zélés que jamais
prêts à mourir , s'il le faut, pour le Prince au service du-
quel ils n'ont pas pu vivre.

A cette faible exquisse des nobles sentimens des Royalistes , nous n'opposerons pas le hideux spectacle que la
Révolution nous offre depuis le tiers d'un siècle : elle se
dévoile chaque jour dans les déclamations séditieuses
des coryphées du parti Libéral ; si malgré tous ses efforts
et les avantages qu'elle doit depuis cinq ans à la perfidie coalisée avec la faiblesse , cette fille de l'enfer n'a pas
encore bouleversé le monde , c'est à l'horreur qu'elle inspire qu'il faut l'attribuer ; encore aujourd'hui que le comité
directeur des jacobins de France , après avoir semé la
révolte et l'anarchie dans tous les états voisins , délibère
ouvertement s'il nous donnera la constitution de 1791 ,
ou celles des Cortès , tout espoir n'est pas perdu pour
peu qu'on le veuille : car les *Vétérans de la Liberté* sont
usés en France , et les souvenirs de 93 ne font pas des
complices aux audacienx panégyristes de l'Assemblée

Constituante, des prêtres régicides, des couleurs séditieuses
et des Carbonari. Ne cessons de répéter et de prouver aux
faibles et aux timides que les hommes qui leur soufflent
la haine des Royalistes, sont ceux qui ont ramené Buona-
parte au 20 mars, applaudi l'ordonnance du 5 septembre,
aiguisé le poignard de Louvel, allumé les pétards et les
incendies, et mis partout les Bourbons en péril. Ce sont
eux qu'il faut en les dévoilant, séparer de la masse inter-
médiaire facile à tromper, afin qu'un nouveau Pépé ne
vienne pas à la pointe de son sabre et au nom de la popu-
lace, remplacer la charte par l'absurde constitution des
Cortès, le Roi légitime par un pandœmonium. Pour y
parvenir, il faut aux Royalistes du zèle et du courage,
mais il faut aussi de la prudence, de l'ensemble et une
certaine hiérarchie d'opinion; car une armée ne combat
pas sans généraux et ne remporte pas la victoire quand
chacun veut commander; l'*héroïque* Vendée nous en
offre plus d'un triste exemple.

Des considérations de cette nature ont sans doute dé-
terminé MM. de Villele et Corbiere à prendre un parti
qui a été trop blâmé par quelques Royalistes. On a crié à
la faiblesse, sans réfléchir que c'est la faiblesse du pouvoir
souverain qui fait le mal, et non celle du sujet fidèle qui
ne peut qu'obéir quand il n'a pas d'autorité. Il n'y avait
que deux moyens d'éloigner le danger dont la France est
menacée; une grande fermeté dans la puissance exécutive
ou bien une grande sagesse dans les conseils des Royalistes.
Le premier moyen ne dépendait pas de la volonté du côté
droit ni de ses membres influens, il a donc fallu adopter
l'autre; sans doute, les nouveaux ministres n'ont pas accepté la grande responsabilité morale qui pèse sur eux sans

avoir reçu des promesses positives d'amélioration ; qu'on soit fidèle ou non à ces promesses, il n'en sera pas moins heureux que des hommes de la droite se soient assis au conseil du Roi pour faire le bien, arrêter le mal, ou tout au moins pour voir le jeu auquel on jouait la monarchie. Jamais, dans aucun cas, on n'a dû accuser les intentions de MM. de Villèle et Corbiere dont on a pu blâmer les résolutions. Si on continuait à ne pas les approuver, par quelque nuance dans la manière d'envisager les choses, il n'en serait pas moins inconvenant et dangereux de diminuer par des récriminations intempestives la juste considération dont jouissent des hommes appelés, par le fait, à exercer une si grande influence sur nos destinées. Sembler leur retirer la confiance dont ils étaient investis dans le parti royaliste et dans la France entière serait une grande faute : car en diminuant leur crédit on augmenterait les obstacles qu'ils rencontrent à faire le bien. On peut les éclairer dans des discussions particulières ; mais en public il faut les constituer les organes de la plus grande masse possible de Royalistes, afin de donner du poids à leurs conseils et de la force à leurs paroles.

Malheureusement les Royalistes qui s'inquiètent avec raison des dangers qui menacent la légitimité, s'irritent avec justice des persécutions que chacun d'eux a plus ou moins souffertes ou souffre encore. Leurs nobles sentimens sont loin d'être un titre de faveur auprès de plus d'un homme puissant, indigne de la confiance du Roi ; ils sont traités en ennemis : c'est un malheur auquel la fidélité est accoutumée ! Qu'importe ? c'est pour notre religion, pour nos princes et pour nos familles que nous combattons ! Mal guidés, si l'on veut, par notre général, notre force ne peut être que dans notre vertu ; serrons-nous autour de notre drapeau , et n'oublions jamais la devise des preux : *Fais que dois, arrive que peut.*

Au reste , qu'on ne croie pas que notre rôle se borne à suivre ceux qui sont placés de manière à nous servir de guides. Quelle que soit sa position dans la société, un Royaliste doit tous les instants de sa vie à la cause qu'il a embrassée ; il rencontre à chaque pas l'occasion de la servir. Ne ménageons pas les Jacobins , sous quelque masque qu'ils se présentent ; appliquons-nous sans cesse à déjouer leurs complots , à combattre leurs sophismes , à dévoiler leurs mensonges ; isolons ces tribuns populaires de ceux-là mêmes qui par erreur ou faiblesse les ont relevés de la fange où la restauration aurait dû les ensevelir à jamais. Cultivons et faisons fructifier les semences de bien qu'on nous offre en ce moment ; préparons la génération qui s'élève à devenir vraiment française par son attachement à la religion et aux Rois de nos pères. Travaillons à obtenir partout en France de bonnes administrations locales : si nous nous pénétrons bien, à ce sujet , de nos devoirs et de nos intérêts , ainsi que des droits que la loi nous donnera, nous amasserons pour l'avenir de grands moyens de restauration et de prospérité.

Espérons que, si l'anarchie militaire ne nous révolutionne pas , *nos ministres* , poursuivant le cours de leurs honorables et pénibles travaux , obtiendront des améliorations dans la loi électorale , une organisation plus rassurante de l'armée , une police qui nous garantisse la vie de nos Princes, des évêques pour les diocèses qui les attendent depuis 1817, des préfets dignes des importantes fonctions qui leur sont confiées, des censeurs qui laissent tout dire pour la monarchie et rien contre elle , etc. Mais avant tout, soyons unis, ou nous serons vaincus. Avec du zèle et de la prudence, de la patience et de l'ensemble, nous parerons les coups et nous gagnerons du temps : c'est tout dans la crise actuelle. Loin de nous la pensée de défendre certains hommes , ni leurs discours, ni leurs actions pendant trois ans ; leur conscience d'abord, l'inexorable histoire ensuite les jugeront et les condamneront comme les meurtriers de la monarchie ; mais n'augmentons pas indéfiniment le nombre de nos ennemis , en mettant dans la même catégorie tous ceux qui nous étaient opposés en 1817 et 1818 ; sans nous faire garans d'aucuns, si nous ne croyons pas au repentir, profitons de tout ce qui s'offre à nous comme allié par intérêt ou par conviction ; le mal est fait, occupons-nous de le réparer s'il est encore temps. C'est aux Bourbons qu'on en veut, et c'est au milieu de nous que se trouvent les chefs de cette auguste maison et ses plus irréconciliables ennemis. Vrais Français, chrétiens et Royalistes, défendons notre sainte religion , et servons nos princes légitimes avec courage et désintéressement. La Providence, après nous avoir châtié selon sa juste colère, nous donne de temps à autre des marques de bonté , des motifs d'espérance...... Elle nous a rendu un prince destiné à renouveler pour nos enfans la noble race des Bourbons ; au milieu des catastrophes qui nous menacent, peut-être le Ciel nous réserve-t-il de nouveaux miracles!..... Sachons les mériter par notre confiance, notre sagesse et notre fidélité à Dieu, à l'honneur et au Roi.

FIN.